AF666252

© 2025 Nevantakanen Mikko

Kustantaja: BoD · Books on Demand,

Mannerheimintie 12 B,

00100 Helsinki, bod@bod.fi

Kirjapaino: Libri Plureos GmbH,

Friedensallee 273, 22763 Hampuri,

Saksa

ISBN: **978-952-80-9753-2**

BIISIT 5

ADAGIO (Albioni)

Mistä sinut löydän
Mistä etsin
Kaduilta vieraan kaupungin
Äänesi tuulessa kuulisin

Etsin väkijoukosta kasvojasi
Olen eksynyt

ADAGIO

Tahdon eksyä sinuun
Voitko löytää minuun

Minulla ei sielua, ei sydäntä
Jospa musiikkini löytää sinut
Pimeät yöt ilman ihoa oisit
Silmät suljettuna tähdet toisit

ADAGIO

En menetä toivoa
Löydän sinut vielä
Tuskan veisit minulta
Enkä enää koskaan katoaisi sinulta

Unelmat antavat toivoa

Kerro missä olet, kerro
Tahdon suudelman sinulta
Ennen kuin katoat minulta

Aurinko on kovin tylsä
Kuu paljon kauniimpi
Sydämeni saanko takas
Älä katoa, älä rakas

Kerro minulle
Kuka olet, missä olet
Minä uskon sinua
Mielessäni syleilen sinua

Olen varma
että löydät minut
Kunhan kuuntelet
Musiikkia olet.

Adagio.

Hiiri nimeltä Siiri

Yöllä kuuluu rapinaa
kun lattianraosta hiiri kurkistaa
jo tuumaa juustosuu
Ehkä toive suurin toteutuu
kun käyn pöydältä herkun tuon
sen pesäkoloon tuon
kunhan löydän sinne ensin reitin
sammutettu on jo kahvinkeitin
siis ei vaaraa eikä huolta
kun mä kierrän
ovelasti tuolta
Vaan ihminen
jos se herää
minut tuosta vain
jo talteen kerää
mutta shh nyt varovasti
ettei käy katalasti
Shh ei se mitään huomaa
Voi kuomaa

Ja niin pääsee hiiri pälkähästä,
mutta mitä tästä
mukava kun on seuranani
filosoofi hiiri
olkoon nyt sitten
vaikka nimeltään Siiri
Enkä minä sinua jahtaa
Minkäs nälkäänsä mahtaa
sillä tosiystävät on harvassa
niin kuin kirppu
koiran karvassa.

Ristinummella kerran

Yksinäinen vanhus ikkunastaan katselee
miten huojuen tuttu hahmo
lähikauppaa kohti astelee
Ja miten mummot penkillä
kertovat tarinoitaan
Ja he uskovat kaiken
mitä heille kerrotaan.

RISTINUMMELLA KERRAN
YHDEN ELÄMÄN VERRAN

Juorupuheet jälkiviisaus
Joidenkin ainut onni on
Kerrostalon draaman kaari
Usein on niin lohduton.

Talon kulmaan
sekarotuinen piski
nostaa koipeaan
Nuori äiti väsyneenä
työntää vaunujaan

Ja nämä elämänkoulua
käyneet miehet
juovat kaupalla keskioluttaan
He ovat tehneet jo kaiken
ja jääneet katumaan.

RISTINUMMELLA KERRAN

YHDEN ELÄMÄN VERRAN

Rappukäytävä kuin elämän
pienoismalli on
Partaveden ja kusen tuoksu
Usein ei oo tavaton.

Ja nämä katteettomat lupaukset
huomenna jo unohdettu on
Sitä tikulla silmään
kel kalja juomaton.

RISTINUMMELLA KERRAN
YHDEN ELÄMÄN VERRAN.

Elokuu

Sataa taas
Tihkuu kauneinta untaan
Omenapuut kukassaan
Kantavat valoaan
Kun kuu maatuu navetan seinustaan.

Kuun kelta valuu asvalttiin
Meren tuoksu tarttuu kortteisiin
Lokki piirtää taivaalle harmauttaan
Veneen moottori yskii vanhuuttaan.

Elokuu hellä lämpö maatuu
navetan seinustaan
Kuin hyväilisi armastaan.

Naapurin tyttö

Naapurin tyttö
Vaaleat letit
Soittaa pianoa
Seura sen taitaa
olla mulle liian hienoa
Mutta tää tunne
Mä huomaan että
susta haaveilen
Vaikka myönnäkään en en en.

Mä yritän tehdä suhun vaikutusta
että saisin sut kiinnostumaan musta
Oon kovis herrasmies tarvittaessakin
Et musta vaikuttuis kai ite pressakin
Mut sä et mua huomaa
Lue kirjettäni tuomaa
Kun et mitenkään reagoi voi voi voi.

Tyttö naapurin saat mut sekaisin
Öitä valvon oot se kuumottavin
Miksi en suhun yhteyttä saa
tää kaikki on niin uutta ja pelottavaa.

Sydän särkyi näin sut Maken kaa
Voiko olla enää mitään pahempaa
Revin kirjeet jotka kirjoitin sulle
Sä olit liian hyvää mulle.

Tyttö naapurin saat mut sekaisin

Öitä valvon oot se kuumottavin
Miksi en suhun yhteyttä saa
tää kaikki on niin uutta ja pelottavaa.

Haudalla
(Valssi)

Missä olet nyt?
En voi uskoa että kaikki on päättynyt
Ei vielä
Nukun yhä
Onhan pyhä
Keitän kahvit oota vähän
Jään vielä hetkeks sänkyhyn tähän
Tän on pakko olla unta
Ei ei... Sataa lunta
Seison arkkusi edessä
Silmät vedessä.

Miten rakastaa näitä yksinäisiä päiviä
menneitä hetkiä kivullaan niin
että mennään toisen kerran naimisiin
kun sydän on poissa mutta jätä rakkaus
tää
Kuolemalta pyydä en enempää.

Missä olet vaikka olet täällä
tuoksuin jotka vähitellen haihtuu
kun päivä vaihtuu
Muistoin enää seuras saan
Ne kanssas jaan
Mutta entä jos en enää muistakaan
Sua ollenkaan
Ja miten koskettaa toista
kuoleman läpi niin

että suudelma
herättäis sut taas henkiin.

Miten rakastaa näitä yksinäisiä päiviä
menneitä hetkiä kivullaan niin
että mennään toisen kerran naimisiin
kun sydän on poissa mutta jätä rakkaus
tää
Kuolemalta pyydä en enempää.

Nuoruus

En silloin uskonut
ois
Mitä tulevaisuus
tois

Joten aloitetaanpa alusta
ihan
luota kotipihan.

Oli minä ja Sami yläkerran
Tunnettiin jo vuoden verran
Poimittiin sammakoita ojasta
Enkä uskonut ois siitä pojasta
että tohtoriksi vielä tentti
Sarjiksiin meni joka sentti
Kun jo tulva alkoi ehtyä
Me vasta saimme lautan tehtyä
Ja radiossa Irwin lauloi Henkipatosta
ja vesi tippui läpi kerhohuoneen katosta
Eikä kerrokset nuo talojen vielä
kuuhun asti riittäneet
Eikä nykyään kuten silloin
nuoret samalla tavoin kiittäneet.

En ajatellut tuolloin
että sodan kauhut joskus kokisin
Että perheet vaeltaa kodittomina
kasvoin nokisin
Pelkkiä raunioita ympärilläin nään

Eikä auta vaikka käännän
pois niistä pään.

En voi ymmärtää miten kovasti kaivata
voi sotilas perhettään
Lompakossa valokuvat lasten
Vaimokin siinä heitä vasten
Rukoilen, ma pyydän Luojaa
Heitä suojaa
jotk tahdon syliin sulkea
yhdessä pitkän matkan
vihellellen vielä kulkea.

Metsät on kaadettu kulutuksen tieltä
Eikä onkimisessakaan ole enää mitään mieltä
Kun saalis mahdoton
pelkkä muisto on
Merimiinat uimarantojen
Sademetsien puiden kantojen
Perintö tulevien sukupolvien
Poltettujen kirjastoholvien

En silloin uskonut ois
Mitä tulevaisuus tois.

Hietasaarenkadulla tuuloo taas
(Balladi)

Kun vanhuus vaihtaa
nuorukaisen kanssa osia
Kun valheet on taas tosia
Parvekkeella orvokit jo lakastuu
Kerta kerran jälkeen
pariskunta toisiinsa
rakastuu.

Kylmä viima viipyy puissa
ajatukset kaikissa muissa
Niin kuin yksinään on aina
alakuloisena sunnuntaina.

Tähdet haihtuu ennen
aamunkoittoa
Jostain kuulen vielä soittoa
Joku fillarilla nousee katua
Tunnelma on usvan satua

Tuuli kaljatölkkiä viskoo
vasten ratakiskoo
Postiluukku käy
Ovisilmästä ei ketään näy
Rappukäytävä pimeä
Naapurin ovi
vailla nimeä
Vanha varis tonkii roskia

Tuuli hyväilee puun poskia.

Hietasaarenkadulla tuulee taas.

Mies joka halusi olla nainen

Mies joka halusi olla nainen
satumainen
prinsessa tuo
Johon vaimo katseensa inhoten luo
Kun mies sukkahousut ylleen laittaa
Se vaimoa jo vähän haittaa
kun huulipunaa vielä sivelee
itsetuntoa se hivelee
Hän on Paula taas
korkkarit jalkaan
vaik on lunta maas.

Hän se on silti se sama hyvä isä
Toinen persoona vain siinä lisä
Hänen egoaan
Eikä kadu hän tekoaan
Koska ei nää siinä mitään väärää
että isäkin välillä peilipöydän
luona häärää.

Vaimo miettii vaik rakkautta saa
On hällä mies
joka hameen helmaa nostaa
Hellä lämminkin osaa olla
vaik käy hänen puuterilaatikolla.

Koivuniemen saa peruukilla
viihtyy minihameessa ostarilla
Josta tuo vaimolleen kukkia

Ostaa itselleen tennissukkia
Mies joka haluaa olla
joskus nainen
satumainen.

Ystävä

Naisella on musta silmä taas
kun mies avaa uutta kaljaa
suden taljaa
kantaa lampaan villoin
kun ilta illoin
sama toistuu
lapset näköpiiristä kun poistuu
Eikä miestä sen verran
että anteeks pyytäis kerran
Kun lahkeet jo kastuu
katkeruus mukaan astuu
Vika aina on muissa
naapureissa, tutuissa.

Vaimokaan ei ymmärrä
että viina auttaa
Mitä olisikaan elämä
ilman tätä kuplivaa pelastuslauttaa.

Kun valheet maljan täyttää
kaikki demoninsa näyttää
liemi joka viisaiden juoma muka on
mut joka sinetöi myös heidän kohtalon.

Nää juhlat autuaat
niin karun lopun aina saa
kun ambulanssi lähestyy sairaalaa

tai poliisivankilaa
Ei muistikuvaa siitä
Eikä mikään määrä koskaan riitä
Se ystävyyden ehto on
Jano sammumaton.

Juot talon juot perheen
Teet viimeisenkin erheen
Et silti hylkää ystävyyttä viinan
joka yhä kantaa läpi piinan
seuraavan päivän laskut
joka osaa kaikki kaskut
Tää ystävyys on yksipuolista ihan
kun himo voittaa lihan
Sen ties
-viikatemies.

Markus

Viinaa kului
ja me siinä kuluimme
Toisemme loppuun
tilkka tilkalta kumosimme
Meidän ystävyys oli
ystävyyttä viinan
Fyrkat loppui jälkeen
viikon kiiman
Ja miten tuuli tarttui
häätölappuun
Se Kakenkin sai toiseen rappuun
sitten kadulle
tuuliselle terassille
Joilta yöt korjaavat
kuin halla satoaan.

Tuoppi jos toinenkin
alkoi meistä vuotaa
Kahdestaan yksin
Kootuin selityksin
Nurkkapöydän valossa
Lippu puolittain salossa
Samat tarinat yö yöltä
Se kuulostaa jo työltä
hylkäsimme rakkaat
He meidät
Niin se kääntyi
Viinapirun suussa vääntyi.

Hei Markus Nevalainen
Kuopiolaistunut vaasalainen
Kerro mulle mitä tästä jää
kun fyrkkaa ei oo yhtään enempää
Kunto pettää nyt hävettää
Kun viikatemies seuraan meidän liittyi
kerta kerran jälkeen
yhä kauemmin vain viihtyi.

Hei Markus Nevalainen
Kuopiolaistunut vaasalainen
Kerro mulle mitä tästä jää
kun fyrkkaa ei oo yhtään enempää
Kunto pettää nyt hävettää
Kun viikatemies seuraan meidän liittyi
kerta kerran jälkeen
yhä kauemmin vain viihtyi.

Kyynelten puistikko

(Särkyneen toiveen katu)

Öisin katu tekee
jokaisesta erilaisen,
kuolevaisen
Joillekin Marraskuu on vasta
Toukokuu
Kuutamo vanha uusi
Ilotytön äänellä huusi
Valomerkin lähikapakan
jossa väsy saattaa soittajan
Pimeys viimeisenä valonaan
Hän kotiaan käy arpomaan.

Kun viimeinen lehti puusta putoaa
On taas lähempänä yhtä kuolemaa.

Sydänsuruja saksofoni tarjoilee
punaviinissä usein katkeruutta siemailee
Mitä eilen nauroi
Tänään itki
Sitä haluaa unohtaa vain sen
mikä on jo eilinen.

Ilot iltojen lopulta sydämen kovettaa
Kun huomaa ettei vertaistaan
täältä ehkä löydä milloinkaan
Kun lainat ilon muuttuu pelkiksi
surun saataviksi.

Kun viimeinen lehti puusta putoaa
On taas lähempänä yhtä kuolemaa.

Mirkka Rekolalle

Hevonen
painaa kavionsa
saven muistiin

Pelästyy vaikka
se on hirvi joka kävelee
silmillään vastaan.

HURSTIN JONO

Ruokajonon vikoilla ei
käy ees safkapussiflaxia
ku hallitus päätti myös Hurstin
leipäjonosta saksia
Niille ei jää mitää jotka on hännillä
taas yks niistä päivistä
jotka hoidetaan kotiviinikännillä
Kuka heistä huolta pitää
ku toisille ei jää mitää
Ministerit ei ainakaan aio tukea
Kohta ollaan tilantees
ettei peruskoululaiset osaa ees lukea
Kulttuuri menot ja toimeentulotuki alas
Eduskunta on valas
Se syö pöydistä köyhien
Perusteluin löyhien
Eikä säästöjä kerry
Leikki kuten Tom ja Jerry
Miksi ei koskaan leikata janan toisesta
päästä
Osta kuluta ja samaan aikaan säästä
Kohta kellään ei oo varaa ku verotkin
nousi liikaa
Luokkaerot jossa pelkkää herraa ja piikaa
Onko se jonkun vika jos oot sairas
työkyvytön tai mielenterveys ongelmainen
Tää maailma ei oo satumainen
Mut silti se on pyörinyt rakkauden voimalla
ainakin tähän saakka

Vastuun kantaminon oi oo ykoin köyhän taakka.

A-rappu

Lumihanki sulaa
kuiskien
Aamun lehti saapuu
postiluukku kolisten
Alakerran mummo
kukan akkunalleen vie
Rappukäytävään on
sammunut kuka lie.

Taksikuski on juuri töistä
palannut
Juonut kaljatölkin ja sen
vaimoltaan salannut
Vetää verhot kiinni
on hänelle tää vielä yötä
kun ulkona lumiaurat
tekevät jo työtä

Nuori nainen leipomon
aukaisee
Seinän takana kollikissa
äänekkäästi maukaisee
Ja jono syntyy supermarketin
edustalle
kun kahvitarjousta markkinoidaan
vain nopeimmalle

Pulut valtaavat vanhan patsaan
Torikauppias kokoaa pöydän

taputellen vatsaan
Poliisit haukottelevat autossaan
kun pullomummo kiukkuisesti
raahaa saalistaan.

Ehjä

Asemalla junat
kuin raskaat ajatukset
Kirkot tyhjät kuin
aavekaupungin kangastukset
Sytytät kynttilän
kuiskit kuulle
Radiossa joku laulaa
ettei kuulu kenellekään muulle

Tähdet joita parvekkeelta
katselet
Et ole oma itsesi et
Toivot että joku tekis
susta kokonaisen
Ihan toisenlaisen

Et jaksa enää
puhua siitä mitä sä koit
niistä murheista joita kotiin
vielä hetki sitten toit
Niistä jotka kanssa kahvin
tarjoilivat sydäntään
mutta laskun maksajaa
ei sitten löydykään

Sytytät kynttilän
kuiskit kuulle

Radiossa joku laulaa

ettei kuulu kenellekään muulle.

Vanhus

Sälekaihtimien lomasta
valo ujosti silmäilee
Vanhus hetken ikkunassa
hetken hymyilee
Joku penkillä tupakoi
Taksiletka taas kasvoi
Joku kantaa kukkapuskaa
Voi tätä tätä tuskaa.

Lapset juoksee käytävillä
Joku kannetaan paareilla
kätevillä
Kanttiini on auki aina vaan
jossa perheet tapaavat omaistaan.

Lapset
mikä heillä on edessä
on vanhukselta mennyt
Ei hän sitä silloin tiennyt
että vuodetkin niin
vähäiset on
tiimalasin aika
tunniton.

Sälekaihtimien lomasta
valo ujosti silmäilee
Vanhus hetken ikkunassa
hetken hymyilee.

Äiti
Ikävä lukitussa vessassa
Olen itkenyt sängyssäsi
Ollut mies kuten piti.

Äiti
Hameesi on tyhjä kangas
ilman hartioita
Napit siinä
kuten silmät selässä
Ryppyiset pyykit pesukoneessa
Niin kuin sinä olit
hengityskoneessa.

Äiti
Ei sinun sydämessäsi
ollut vikaa
Rakastit enemmän kuin
se kesti.

Isä makaa sohvalla
kaiket päivät
ei puhu
Meidän surumme, minun,
äidin.

Isä
Olen kaivannut
kalakaveria
Nyt joki on tyhjä
kuten minä olen tyhjä
Mutta Taimen loikkaa
suoraan aina sille puolen
jossa sinä olet nyt
turvassa sen kiven takana
joka on heitetty ensimmäiseksi.

Isä
Puhuit paljon
Silloin kun et puhunut
puhuit enemmän
Rakastit minua
silloinkin kun et tekojani
hyväksynyt
Kaipaan sitäkin, että olit
usein poissa
koska silloin oli toivoa
että tulet takaisin.
Yksinäisyys, minun,
äidin.

Lapset
antavat elämälle merkityksen
Että jokin olisi omaani tärkeämpi
Että onnellisuus on muiden
onnellisuutta
Heidän ilonsa omaa iloani.

Minä suojelen teitä
rakkaudellani
joka on rakkauttanne
Pyyhin kyyneleenne
jotka ovat kyyneleitäni
Silitän kasvojanne
jotka unenkauniina
kaipaavat suudelmaa.

Joka avaa

pakastimen

ja jonka suusta ui

kalapuikkoja.

Ihminen, joka sataa pois.

Untuvapeitto, joka on pilvistä tehty.

Herkempi puoli on demonin.

Hiihtää lapsuutta kohti

Ruosteisista rautanauloista

tehty maja ei kestänyt aikaa

meitä.

Lintu ei ole vapaa

jos se joutuu suunnistamaan

lämpöä kohti.

Asioiden nimeäminen vie niiltä luonteen.

Muoto ei ole sen sisältö.

Miksi aivastusta täytyy pidättää?

Akvaario on muoto

muoto tila

mielentila.

Jospa itsensä löytääkin

jostakin toisesta henkilöstä.

Se mikä on ihmiskäsityksen

tuolla puolen

on ainoastaan elävää.

Kun on tylsää

jotakin tapahtuu.

Värit kuten jodi ja suola.

Kasvatus on ehdollistamista

tärkeinä pitämilleen asioille.

Tahto ei riitä pyrkimykseksi,

vaan ymmärrys luopumisesta.

.

Lukeminen on viihdettä.

Välillä emme erota sitä

sisäistämisestä.

Nukkuessa yritämme järjestää

tapahtunutta.

Mutta tapahtuuko uni?

Puuro mustikoilla.

Kokonainen metsä.

Dementiakatkokäytävät.

Kirjoittaminen ei ole muistamista

vaan hylkäämistä.

Runouden kääntöpuoli

on kokemus siitä.

Lukeminen ei sivistä

vaan sen ymmärtäminen

ettei ymmärrä.

Filosofiaa ei kukaan keksinyt.

Se ymmärrettiin.

Kaikki voisi olla kaunista.

Kirjat

Kärsit joka sivulla
kuin kirjottaisit sen
mitä Jumala ei osannut luoda
Me olemme kirjoja, jotka avataan
keskeltä
lopusta
tai mistä sattuu.

Sellaisina iltoina kun et jaksa muita
et edes itseäsi
Avaat kirjan kohdasta jossa
tuntematon rajataan tutuksi
Niiden rivien välissä meidät on kerrottu
kiedottu pyhien yhteyteen.

Ihmisen tie on mökkitie
Tie itseen toistemme kautta
Sillä sivulla olemme
loputonta hiekkarantaa
josta kirjat muistetaan

Kirjat eivät pääty
meitä jatketaan
Samalla sivulla olemme
yhdessä yksin
Rakkaus juoneksi kuvattu.

Kenties ainoastaan
tyhjällä sivulla
me voimme olla riittävät
Ole sinä alku
Minä synonyymiksi loppu
Kuvittele minut jotta
minä voisin kertoa sinut
Tule sanasta ihmiseksi
Minä tulen sanaksi

Kirjoita minut sinuun.

Ulos kannettu
osamaksupiano
Tupakansavua vatvova
gramofoni

Vesisade kapakkailtana
Kulmapitserian mainoskyltti
Sähkölankaan heitetyt lenkkarit

Haalistunut akvarelli keittiön seinällä
Ikkunasta katsottuja ihmisiä

Rakkauslukkoja.

Hylättyjä polkupyöriä
Marketin eteen unohdettuja
koiria
Valaan lauluja sikiölle

Unettomia öitä yksin
sylityksin
Tequilalta tuoksuvia äitejä

Lumi-enkeleitä.

Mainosvalot Marraskuussa
Maitolitrat kassalla
Erikoisvanteet
Sameat telkkarisilmät

Tatuoituja isiä

Ihmis-graffiteja.

FSC
www.fsc.org
MIX
Paperi vastuul -
lisista lähteistä
Paper from
responsible sources
FSC® C105338